SCHWEIN MACHT GERN SELFIES!

TEXT AND ILLUSTRATIONS BY TERRY WALTZ
ADAPTED FOR STUDENTS OF GERMAN BY MARILYN LILLY

Squid For Brains
Albany, NY

Schwein macht gern Selfies!

Original Text and Illustrations by Terry T. Waltz
German adaptation by Marilyn Lilly
Published in the USA by Squid For Brains Educational Publishing

ISBN-13: 978-1-946626-68-4

Copyright ©2019 by Terry T. Waltz. All rights reserved. Whether for educational or other purposes, no part of this book may be reproduced, duplicated, or transmitted in any form or by any means, electronic or mechanical, including photocopying, recording or by any information storage or retrieval system, including with the intent to display it simultaneously to a larger audience, without the express prior written permission of the copyright holder. No derivative works are permitted without the express written consent of the author, with the exception of short excerpts which may be quoted for academic reviews.

Schwein macht gern Selfies!

Er macht gern Selfies zu Hause.

Er macht auch gern Selfies im Zoo.

Er macht sogar Selfies im Bad.

Er macht gern Selfies alleine.

Und er macht gern Selfies mit seinen Freunden. Er macht einfach ***besonders gern*** Selfies!

Eines Tages denkt Schwein,
„ Ich möchte am Eiffelturm ein Selfie machen."

Also fährt er nach Paris, Frankreich. In Paris geht Schwein zum Eiffelturm. Er ist wunderschön!

Amerikaner sind komisch!

Schwein will am schönen Eiffelturm ein Selfie machen. Aber gerade als Schwein ein Selfie machen will...

Armes Schwein geht ins Gefängnis und bleibt acht Tage!

Schwein denkt nach, „Ich möchte mit der Sphinx ein Selfie machen!"
Also fährt er nach Giza, Ägypten.

In Giza schaut sich Schwein die Sphinx an. Sie ist hässlich! Schwein will mit der hässlichen Sphinx ein Selfie machen.

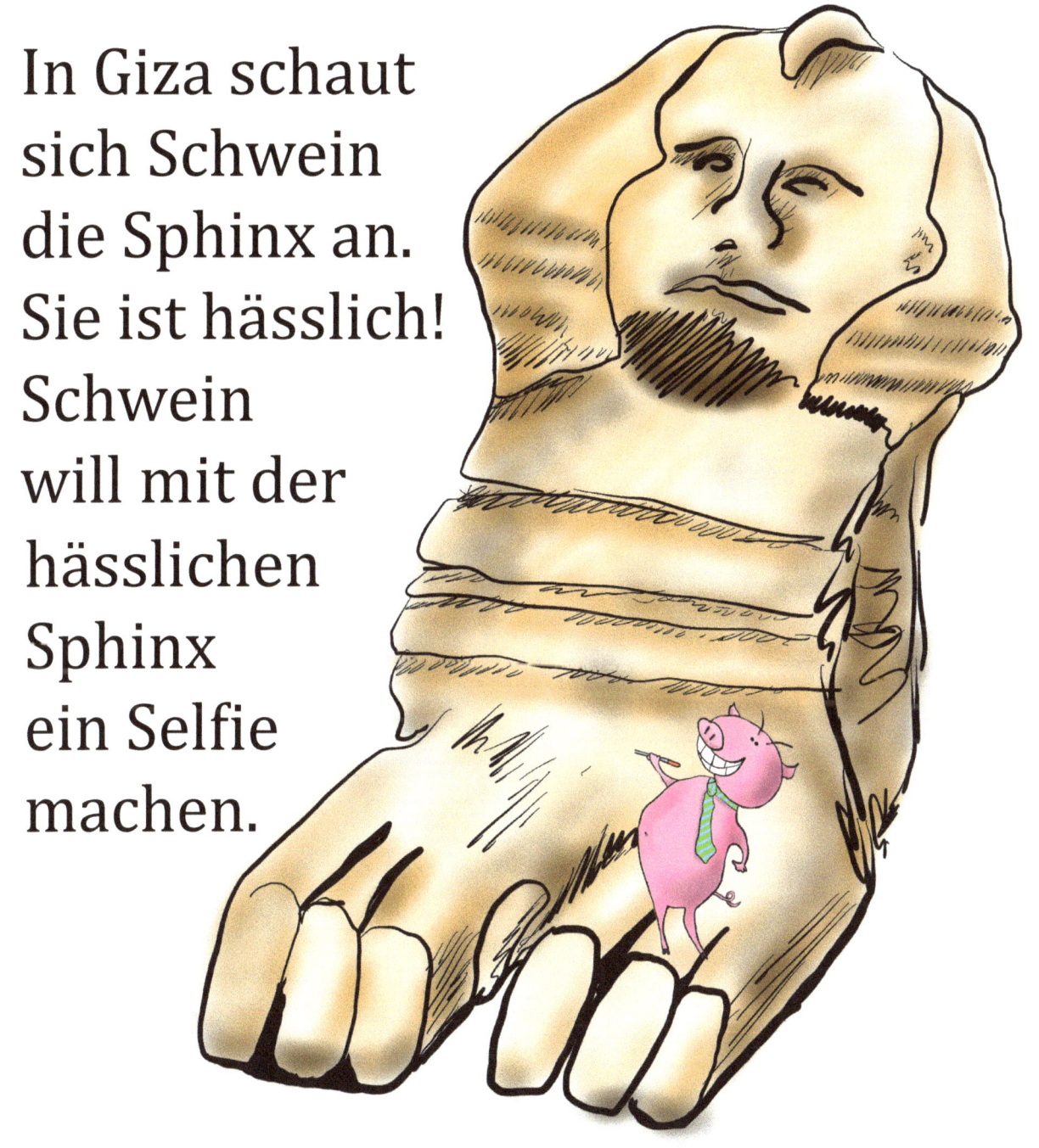

Aber gerade als Schwein ein Selife machen will...

....kommt die Polizei!
Und die zwei Polizisten sind sehr böse!

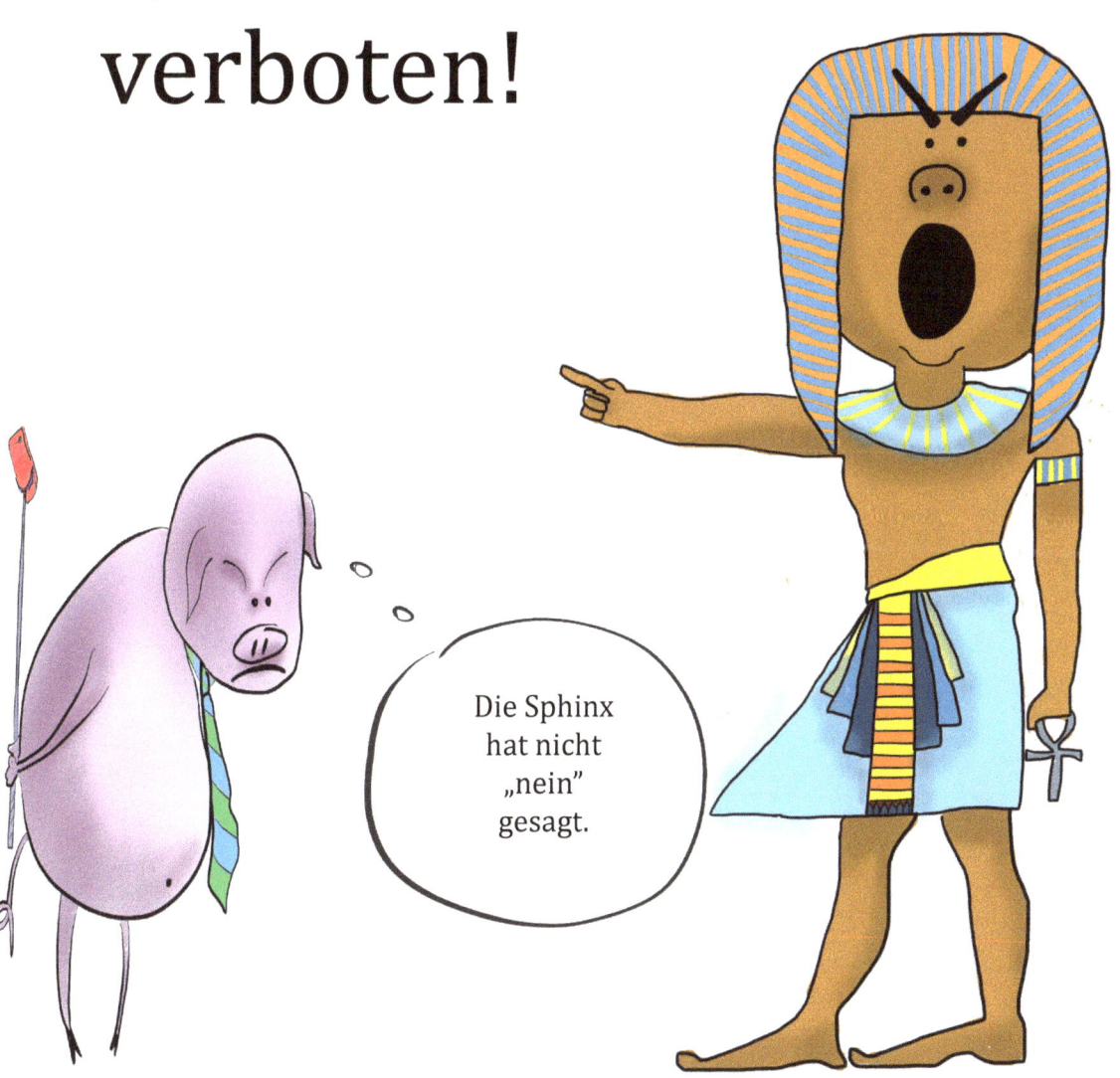

Armes Schwein geht ins Gefängnis und bleibt sieben Tage.

Wie, bitte? Es gibt auch hier keine Pizza? Was soll das?

Schwein schaut sich das Taj Mahal in Agra an. Es ist wunderschön! Er will am Taj Mahal ein Selfie machen, denn das Taj Mahal ist sehr, sehr schön!

Aber gerade als Schwein vor dem Taj Mahal ein Selfie machen will...

Selfie-macher!

...kommt die Polizei!

Der Polizist ist sehr böse!

„Keine Selfies am Taj Mahal!"

Schwein sagt dem Polizisten:
„Aber das Taj Mahal ist sehr schön!"

Der Polizist sagt:

„SELFIES SIND VERBOTEN!!"

Schwein macht kein Selfie vor dem Taj Mahal. Er macht ein Selfie mit den Polizisten.

Die Polizisten sind glücklich. Schwein ist auch glücklich!
Und Schwein geht nicht ins Gefängnis!

Glossar

aber: but
acht: eight
Ägypten: Egypt
alle: everyone
alleine : alone
also: therefore
am: at the
am schönen Eiffelturm: at the beautiful Eiffel Tower
Amerikaner: American
armes: poor
auch: also
Bärenhunger: hunger like a bear has
besonders: especially
bin: I am
bitte: please
bleibt: s/he stays
böse: angry
cool: cool
das: that
dem: the
dem Polizisten: to the police
dem Taj Mahal: of the Taj Mahal
denkt: s/he thinks

denn: because
der: the
der Sphinx: the Sphinx
die Polizei: the police
Eiffelturm: Eiffel Tower
ein: a, an
einen: a, an
eines Tages: one day
einfach: simply
er: he
fährt: s/he travels
Fotobombe: photobomb
Frankreich: France
Freunden: friends
Gefängnis: jail
geht: s/he goes
gerade als: just as
gibt es: there is
Giza: Giza
glücklich: happy
hässlich: ugly
hat : s/he has
hat...gesagt: has said, said
hier: here
Ich: I

im Bad: in the bathroom
im Zoo: at the zoo
immer noch: still
ins: into the
kein: no, none
keine: no, none
komisch: strange, odd
kommt: s/he comes
machen: to make, to do
macht gern: likes to do/make (here, "likes to take (selfies)")
mit: with
mit den Polizisten: with the police
mit der hässlichen Sphinx: with the ugly Sphinx
mit seinen Freunden: with his friends
möchte: would like
nach: to
nein: no
nicht: not
passiert: does happen, happened
Polizisten: policemen
rosa: pink
sagt: s/he says
schaut sich...an: s/he looks at...
schön: pretty, beautiful
Schwein: Pig
sehr: very
seinen: his
Selfie-macher: selfie-taker
Selfies: selfies
sie: she, it
sieben: seven
sind: they are
sogar: even
Tage: days
und: and
uns: us
verboten: forbidden
vielleicht: maybe
vor: before, in front of
Was soll das? : What's up with that?
weil: because
wie : how
will: wants to
wo: where
wollen: they want
wunderschön: really beautiful
zu Hause: at home
zwei: two

www.ingramcontent.com/pod-product-compliance
Lightning Source LLC
Chambersburg PA
CBHW051352110526
44591CB00025B/2977